Una Vida
Con Fidelidad

Una Vida Con Fidelidad

Pequeños Cuentos
Con Grandes Enseñanzas

José de Jesús López Reyes

Número de Control de la Biblioteca del Congreso: 2011921175
ISBN: Tapa Dura   978-1-6176-4568-6
                Tapa Blanda   978-1-6176-4569-3
                Libro Electrónico   978-1-6176-4570-9

Para ordenar copias adicionales de este libro, contactar:
Palibrio
1-877-407-5847
www.Palibrio.com
ordenes@palibrio.com
332929

Índice

A Dios, cómplice de mis ideas.
A mis padres, don Martín López Cortes y doña Norbertha Reyes Hernandez. Con amor y agradecimiento a su sabiduría, que me fue heredada.
A mis hermanos, Adaneri, Griselda, Martín, Raciel, Amilkar y Karina.
A mis sobrinos, Karla, Ana Luz, Eduardo, María Teresa, Lebni, Luís Eliezer, Raciel, Michelle, Sophia, Abril y Ashlee Juleyni.
A mis cuñados, Carmen, Gladis, Sofía, Rafael, Eliezer y Joel.
A Olimpia Moreno Almanza. Con todo mi cariño. Te amo como la tierra ama y necesita del calor del sol.
A mis demás familiares y amigos.
A todos ellos gracias por la paciencia, el aporte y la comprensión, que fueron de vital importancia para la realización de esta obra.

Otoño de 2010

Una dedicatoria especial al Doctor Fidel Herrera Beltrán.
Gracias por el gran ejemplo de compromiso y liderazgo que tiene usted con el pueblo de México.

Por lo general vivimos y nos comportamos de acuerdo con lo que somos, con lo que pensamos que somos y cómo se nos fue indicado que fuéramos . . . Hasta que un día descubrimos que podemos ser mejores.

José de Jesús López Reyes

Un reino sin rey

Había una vez un valiente caballero que obtuvo la victoria en todas sus batallas. Su fuerte personalidad le acopiaba fama de irreverente. En una ocasión cuestionó las atribuciones del rey para gobernar, sugiriendo que sería muy conveniente su renuncia para el bienestar del pueblo.

En ese momento lo dicho no sobrepasó la reunión, pero con el tiempo, los comentarios llegaron a oídos del rey, quien con diligencia y sabiduría mandó a llamar al caballero.

—Es un honor tu presencia, valiente caballero—dijo el rey.

—El honor es para mí, Su Excelencia—contestó, tímido, este.

—Te invité por dos razones—prosiguió el rey—. Tu habilidad para la batalla se asemeja a tu habilidad para no frenar el corcel desmedido que habita en tu boca. Por eso mandé a traer por ti.

—Mi fin . . ., mi fin no era discutir su autoridad, Majestad—interrumpió el caballero con voz carrasposa.

El rey lo miró con diligencia y le señaló:

—La arrogancia es un cruel verdugo de los hombres brillantes, valiente caballero.

—Ofrezco mi arrepentimiento, Su Majestad.

—Más que del corazón, me parece que tu arrepentimiento nace del miedo de que algo malo te suceda.

El caballero asintió apenado. Quiso defenderse, pero su falta de sensatez lo acusó como a ninguno.

El rey continuó:

—Fue tu ignorancia la que te motivó. Perdonemos el pasado. El rencor es pésimo consejero del mandato. Sin embargo, debo decirte que, para que un reino funcione como es debido, además del poder, se necesita de su átomo fundamental: el amor.

—¿El amor?—preguntó el caballero y frunció el ceño.

—Sí, el amor. Como el poder es la condición humana más codiciada que existe, solo un hombre sentimentalmente estable puede llevarlo a bien. Por eso necesita del amor para que se sensibilice el mandato—continuó Su Excelencia y llamó a la reina, quien lo besó bonito y se sentó a su lado, tomándolo del brazo.

El caballero asintió tratando de entender.

—El poder—prosiguió Su Majestad—es la capacidad de hacer recordar a todos que aquí en la Tierra somos finitos, limitados e imperfectos. Que sin un Dios que protegiera nuestro buen gobierno seríamos todos víctimas indiscutibles de aquello que nos cuesta tanto mantener bajo control. No existiría un reino en paz sin el buen cobijo del Creador.

El rey hizo entrar al sacerdote. Este afirmó con un saludo, reverenciando al Creador.

—Mi reino no sería seguro si no se enfrentaran las batallas con el coraje y la valentía que representas para nuestra sociedad, en contra de los enemigos del reino—le expresó el rey al caballero, y agregó señalándolos a todos—: Con vuestra fidelidad mi gobierno es fuerte.

El rey continuó:

—El poder vulnera a los hombres débiles de espíritu, valiente caballero.

—Sí, Su Majestad, entiendo que debe ser muy grande el placer que nace del gobernar. Al escuchar su sabiduría, ahora sé que nuestro reino se encuentra en las manos correctas. Perdone mi falta. No se necesita de un rey perfecto, sino más bien de un líder fuerte, sabio, valiente y práctico para gobernar.

—Existiría un reino sin un rey—prosiguió Su Majestad—, pero no sobreviviría un estado en donde nadie sirviera de ejemplo e hiciera recordar a todos que el hombre más poderoso no es aquel que posee más riqueza, sino aquel que es dueño de sí mismo y que el verdadero poder se encuentra en la unidad. Solo así se puede ganar el futuro.

—En este reino quedó comprendido: la autoridad la ostenta un hombre, pero el poder lo poseen todos juntos—concluyó el caballero.

Todo es una misma creación, y todos estamos y somos hechos de lo mismo. Pero algunos nos dedicamos a otras cosas.

José de Jesús López Reyes

La vaca y el buey

*Es en la sonrisa y en la simpatía de una persona
donde podemos encontrar un corazón puro y sincero.*

El niño se llamaba Jorgito y tenía 8 años. Su abuelo vivía en el campo. Un día él y su papá decidieron ir a visitarlo al rancho porque el pequeño había vivido ahí hacía mucho tiempo y lo recordaba vagamente.

En los preparativos del viaje, el pequeño subió apresurado al automóvil la maleta y gritando al buen estilo de "¡Aligérate, papá! No ves que se hace tarde". Enloquecía por ver a los caballos, las vacas y las gallinas.

Viajando entre paisajes movedizos que mareaban a Jorgito, recorrieron como unas cuatro horas en el auto. Algunas sacudidas y una nube de polvo que hizo desaparecer el vehículo, avisaron que habían llegado.

—Jorgito—dijo el padre y lo despertó meneándolo—. Ya llegamos, hijo.

El niño se repuso rápidamente y, al asomarse por la ventanilla del auto, abrió los ojos del tamaño de la luna y lo vio todo. "¡Yupi!". Dio un salto de su asiento. Luego se bajó corriendo, y echó un vistazo. Y elevándose sobre las puntas de sus pies, se maravilló con la tierra de su abuelo.

El rancho era mucho más espectacular de cómo lo había imaginado.

Delante de él se encontraban las gallinas, picoteando el suelo, buscando piedrecillas de colores o algún gusanillo despistado, que hacía curvitas con la espalda y daba vueltas en el lodo fresco.

A lo lejos, los caballos, libres, que corrían como locos los condenados.

Entre pastitos tiernos con bolitas de rocío suave y transparente, comían las vacas. Masticaban lentamente, sin preocupaciones, mirando hacia arriba, como queriendo llegar a la luna de un vez por todas.

Mucho más allá, los cerdos. Animales testarudos que no pueden estar juntos. Como quien no deja que las cosas sean y se arrebata.

Malhumorados, necios. Se hociqueaban unos y otros, entre corrales de varas sucias y entretejidas.

—¡El rancho es fantástico! ¿Verdad, papá?—comentó el niño mientras respiraba el aire fresco que le aclaraba su mente.

—Ajá . . .—indicó el padre sin dar mucha respuesta.

A la distancia, de una casa de teja salió un hombre. Era un viejo de aspecto recio, que viniendo de bajadita por una calzada de piedra los saludó con la mano, les gritó "Hola, muchachos" y los fue a alcanzar.

El viejo era rudo. Entre sus manos callosas, que raspaban al saludar, se ocultaba la ternura de un niño tras la experiencia de un anciano.

El padre de Jorgito le sonrió con amor al abuelo. Agarró las maletas y las llevó hacia donde el viejo.

El abuelo tomó al pequeño por la cintura, y con un poco de esfuerzo lo levantó entre sus brazos. Lo besó con cariño.

Jorgito consintió su afecto. Después de todo no se sentía estar con un extraño. Como si el beso fuera de su papá, pero más viejo, pensó.

—¡Qué bueno que vinieron!—comentó el abuelo después de bajar con esfuerzo a Jorgito.

—¡El trabajo me mata, papá!

—Sí . . . ¡Pero ya volvimos!—agregó el niño.—Yupiiii—. Comenzó a saltar en el aire

Rápido vio un enjambre de libélulas que volaban y lo vieron extrañadas. Jorgito quiso atrapar una de la colita. Pero la libélula dio tres aletazos de miedo y se fue.

—Vine pá que me enseñes todo lo del campo—continuó el chiquillo—. Y todos los animales también.

—¡Por supuesto!—apuntó contento el viejo—. Te enseñaré cómo hacen las vacas "muuu"—dijo—y cómo hacen los cerdos, las gallinas y los tamales.

—¿Y cómo hacen los tamales?—preguntó extrañado el niño, pues los tamales no eran un animal.

—¿Que cómo hacen los tamales?—volvió a preguntar el abuelo, y contestó—: ¡Pues con masa de maíz! ¡Jajajajajaja!

Todos sonrieron a carcajadas, aunque a Jorgito no le agradó ser víctima de un chascarrillo de su abuelo. Pero olvidando el humor, los tres cargaron las maletas y se fueron rumbo a la casa para tratar de reposar del viaje.

Jorgito ignoraba muchas cosas acerca del rancho, pero se le cerraban los ojos, y era imposible comenzar la aventura en ese momento. Era muy tarde por la hora del día, aunque muy temprano para vivir con plenitud el siguiente.

Luego de que se despertaran, Jorgito se dio una ducha mañanera que lo dejó temblando como "robotito" y después fue a desayunar.

En la cocina, el olor a humo de encino en el fogón y de café hirviente, endulzado con piloncillo de caña, lo acabó de despertar.

A Jorgito se le hizo agua la boca cuando vio que desde la cocina le "hacían ojitos" unos huevos refritos bien calentitos que todavía sacaban vapor en el plato. Los frijoles rancheros con queso despolvoreado en un chipotito en el centro de la mesa. Los triangulitos de totopos se sonreían sabrosamente con el guacamole. Las tortillas de maíz estaban dentro de una servilleta roja. Y, a un lado, los chiles jalapeños con una salsa picosa, estilo "Veracruz".

—Oye, abuelito. ¿Por qué tienes muchas gallinas y un solo gallo?—preguntó el niño mientras curioseaba la colección de jarritos en la pared.

—Porque los gallos son problemáticos si están juntos. Por eso con uno basta.

—¿Lo son?

—Sí, son problemáticos—afirmó el abuelo.

—Aaahhh. ¿Con uno basta?—respondió el niño.

—Sí.

—¿Y por qué con uno?

—Hijito, si no te deshaces de lo que te causa problemas, siempre vivirás resolviendo conflictos.

—¿Las gallinas no dan problemas?

—¡No!

Jorgito frunció la ceja, incorporando las sabias palabras del abuelo a su entendimiento.

Los tres sonrieron un ratito y, cuando terminó el desayuno, se fueron a caminar por el monte.

El sol brillaba demasiado, y el calor le entusiasmaba al niño. Así que corrió de alegría por lo afortunado que era de tener sus orígenes en un rancho y desde una lomita observó la majestuosidad de los cultivos.

También se veían las montañas y el fuego, la tierra y el aire, la magia y el sol. Todos haciendo lo suyo desde el comienzo. La misma energía misteriosa que envuelve a la tierra de un espíritu profundo que mantiene el equilibrio en la naturaleza. Que coloca al mejor en lo mejor y libra de lo malo a los bondadosos. Ese misticismo que dice que "el alma es libre hasta el hastío y que un instante solo se guarda en el corazón si es verdadero".

—¿Abuelito?—inquirió el niño al divisar desde un prado a unos animales—. ¿Aquellas qué son?

—Son ovejas, hijito.

—¿Y cuántas tienes?—sonrió.

—No lo sé . . . como sesenta—indicó de reojo el viejo.

—¿No sabes cuántas tienes?—insistió el chico.

—Mira. ¡Ayer eran como sesenta!—contestó más seguro.

—Pero son tuyas. Deberías saberlo.

—Por supuesto que sí—arguyó el viejo—. Pero no lo sé con seguridad porque por las noches las atacan los lobos. Y puede ser que falte alguna al día siguiente.

—¿Es por eso que no sabes cuantas quedan?

—Exacto—respondió el viejo.

—¿Los lobos no tienen qué comer, abuelito?—volvió a preguntar el chiquillo.

—Sí, digo, nooo—titubeó.

—Oye, abuelito, ¿no sería mejor alimentarlos? Así no se comerían a las ovejas—afirmó con inocencia.

—No—el anciano le explicó—. No es bueno alimentar a un lobo. Porque un día no podrás ni ahuyentarlo, ni controlarlo. Además, no se trata de probar para ver qué sucede. Debes alejarlo con firmeza. Debes madurar con respecto a la maldad, hijito, o de lo contrario vivirás confundido entre lo que deseas y lo que está permitido hacer para llegar a esos deseos. En el transcurso renaces o te destruyes.

Jorgito asintió y expresó:

—Para que no triunfen los malos, los buenos siempre debemos hacer algo, abuelito.

El viejo se sorprendió con la madurez del chiquillo.

—Sí. La maldad llama a más maldad.

—Entonces está bien que maten a los lobos porque se comen a las ovejas, ¿verdad, papá? Ellos son malos—comentó el niño como esperando su aprobación.

Los grandes concluyeron en que matar no era bueno; sin embargo, sabían que "lo malo aun cortado retoña" y que había que tener cuidado.

—Tu huerta está muy limpia—dijo el chiquillo juguetón—, ¿cómo lo haces, abuelito?

—Con mucho esfuerzo—contestó el anciano.

Jorgito vio unos peces que estaban allá, en un pozo de agua, cerca del riachuelo, y quiso a atrapar uno nomás para ver si podía hacerlo. La ingenuidad en su modo más efectivo.

—¡Quiero agarrar uno!—exclamó el chico y les lanzó una piedra.

—Jajajaja. ¿Qué haces?—se sonrió el abuelo—. Si deseas atrapar uno primero vence el impulso.

—Es cierto. El entusiasmo me hizo lanzarla sin pensarlo.

—¡Observa! Ya se fueron—comentó refiriéndose a los peces—. El logro se da con paciencia, Jorgito.

Por el rancho corrían las ardillas entre colosales encinos. Por aquí y por allá, de arriba abajo. Mientras, los pájaros parloteaban, de una rama a otra, en un idioma que solo ellos entendían.

Todos bromeaban al tratar de caminar por una vereda de lodo donde se caían y se levantaban solo para volverse a caer de nalgas. ¡Qué divertido!

Y mientras los envolvía la tarde, y en medio de un aguacero, corrían y se jalaban de la camisa para tratar de ser el primero en llegar.

La lluvia cedió. Y en la cabaña los hombres se preparaban para dormir.

Jorgito, desde su cama, sacó la cabeza por la ventanita del ático y vio que el sol reinaba con un rojizo esplendoroso en el cielo. Lentamente se encajó entre las montañas y rápido galantearon las primeras chispitas de luceros.

Los grillos ocultaban el verdadero leguaje de la noche. En ese instante surgió la última enseñanza del día.

—¡Es emocionante el rancho, de verdad, abuelito!—señaló el niño.

—Sí, todo es maravilloso—respiró y explicó el abuelo—. Acá, como en la vida. Nuestra única meta es vivir en paz. La vida es fruto del árbol del tiempo. Árbol que debemos cuidar. Árbol que debemos regar con buenas decisiones. Si matamos ese árbol, no habrá flores ni frutos que embellezcan los días. Como la vaca y no el buey, hijito . . .

—Y ¿qué con eso, abuelito?

—Que hay que ser como la vaca . . . y no como el buey, hijito.

—¿Y si soy una vaca?

—Serás noble y tu finalidad será servir.

—¿Y si soy buey?

—Entonces nunca disfrutarás de nada—concluyó el viejo.

Ser mejor cada día es un compromiso personal, una promesa individual y una esperanza universal.

José de Jesús López Reyes

Yssi y el secreto maravilloso

Si tu voluntad para alcanzar lo que sueñas es mucho más fuerte que los obstáculos que se te presentan, entonces cumplirás todo lo que desees.

Había una isla llamada "Yssi". Era de tamaño pequeño, pero su grandeza la hacía verse enorme. Ella siempre buscaba la manera de ser mejor. Luchaba por sus metas como todo soñador, con pequeños actos de valor para vencer el miedo cuando se necesitaba.

Yssi piloteaba una nave de sueños que le hacían creer en lo increíble porque creerlo era hacerlo cierto también.

Yssi sabía escoger bien sus batallas. Ella decía que "todo lo que su mente concibiera se volvería una realidad con solo desearlo con la energía positiva suficiente".

Sabía que ningún éxito sin crecimiento interior sería un éxito verdadero. Que para descubrir la fuerza vital del universo no solo se necesita querer, sino buscar con fidelidad.

Yssi no deseaba una carga ligera donde no se esforzara demasiado, sino más bien quería una fuerte espalda para trabajar. Muchos deseamos todo, pero creemos en nada. Tenemos que echarle un ojo a nuestro pasado si queremos asegurar un futuro y poner en práctica, y cuanto antes, todas nuestras buenas ideas.

Yssi convirtió su deseo en una obsesión inteligente y se dispuso investigar entre sus vecinas si conocían el método para hallar "el secreto". En su búsqueda encontró a Kale.

—Amiga, Kale, ¿conoces el secreto para encontrar la fuerza vital del universo?

—¿De qué hablas?—señaló Kale indiferente.

—De la fuerza vital del universo. ¿La conoces?

—No—sonrió ella con sarcasmo.

Kale era una isla poderosa que no aceptaba más tolerancia que su amor propio por el poder y el dinero. Su obsesión y su materialismo la habían envuelto en una avaricia manipuladora y tóxica, que alejaba inmediatamente a quien se acercaba a ella, aunque fuese con buena intención.

—¿No deseas ser mejor?—le preguntó Yssi.

—Por supuesto que deseo ser mejor: más grande y poderosa—le respondió Kale—. ¿A eso te refieres?

—No, no me refería a eso.

—¿Entonces?

—A crecer por dentro para disfrutar lo que se posee por fuera.

—La riqueza interior no me interesa. ¡Dinero! ¡Dinero! Todo tiene su precio. Deberías saberlo.

Yssi asintió observando su opulencia.

—El dinero no es suficiente—sostuvo la pequeña.

—Pero te puedes consentir—respondió Kale—. Tendrás problemas si no piensas así. ¿Qué, no sabes?

—Si lo supiera no seguiría buscando—le contestó.

Kale se sonrió, bloqueada por el entusiasmo y la sabiduría de la pequeña. Y, con un sarcasmo que ofendía, la despidió rápidamente.

—Soñar te hace débil. Vete, me haces sombra.

—Tu sombra dice que estás lejos de la luz—dijo Yssi y se despidió de la contagiosa ambición de Kale.

Todos tenemos un lado oscuro que no enseñamos a nadie.

Yssi se fue y navegó y navegó hasta donde se descubría otra isla a la que, al mirarla con más cuidado, descubrió que la adornaba la desesperanza.

Osir, introvertida y agresiva, se había hecho triste y apática. Perdió la fe. Por lo que había perdido todo. Dependía de otros para decidir. Y nunca intentaba algo nuevo por sí misma. Nunca se arriesgaba. Era una isla resentida e insegura, que jamás se satisfacía.

Yssi sabía que "si deseas que alguien se interese por ti tienes que provocarlo primero". Entonces la saludó:

—¡Hola, Osir!

—¡Hola, Yssi!—contestó ella con serenidad.

—Busco el secreto para ser mejor. ¿Conoces la fuerza vital del universo?

—Jajaja. Tú serás recordada por tu buen humor. ¿De qué hablas, tonta?

—Del secreto ¿No has oído hablar de él?

—¿Cuál secreto?

—El secreto para ser mejor.

—Jamás escuché eso.

—¿Nooo? Entonces, ¿crees que estoy equivocada?

—No lo sé. Pero cambiar es de sabios. Además, no hay secreto.

—Tú crees.

—El que sabe, sabe.

—Pero es mi meta.

—Deberías pensarlo mejor, Yssi.

—Pues no abandonaré.

—Si el acto sigue al deseo, como se dice, sigue buscando, puede que se muestre.

Yssi percibió una trampa astuta y maliciosa. Osir guardaba mucho resentimiento bajo una máscara de buen juicio y madurez.

—Soy la tormenta que se rompió en la roca—le explicó—. Y me perdí, y me arrepiento de mi fracaso, y no me encuentro en el espejo, y me siento sola. Quiero salir, pero mi mala fortuna siempre me deja en el mismo lugar. Sé que me equivoco. Pero no quiero irme y vuelvo a caer. Es cuando todo sale mal. Sé que el universo se organiza de algún modo para que aprenda de mis fracasos. Pero me aferro a la costumbre, y mis demonios internos me vuelven a someter, maldita sea. Vuelvo a intentar. Aunque sea para demostrar que me sobra valor. Pero tiemblo de miedo, estoy a punto de derrumbarme. Uno se lamenta de lo que hace, pero es en realidad lo que no se hace lo que termina por arruinarnos la vida. Ah, pero, jamás nos alegramos, y eso sí, creo que hasta nos avergonzamos de los pequeños actos de bondad que realizamos y que, a propósito, hacemos pasar por inadvertidos para no abochornarnos. ¡Vaya que pensamos al revés! Dejemos de llorar y adelante con lo que sigue.

Yssi agradeció la enseñanza de Osir, y se fue en busca de su secreto. Pero se sentía sola y necesitaba de un amor leal para endulzar su camino.

Yssi se acercó a Arrel, a quien creyó especial, pero se equivocó.

—¡Arrel!—lo saludó para que notara su presencia—. Voy en busca del secreto para ser mejor, ¿me acompañas?

—¡No!—respondió él.

—¿Por qué?—indagó ella.

—Lo veo complicado . . .

—¿No te interesa tu futuro?

—No, Yssi. Yo nací para ser libre, para viajar, conocer el mundo y todo lo que tiene para mí. Sin nada que me estorbe.

Al escucharlo, su sexto sentido le indicó que no era su destino.

Yssi quería un futuro. Tenía planes. Tal vez una vida mejor, pero juntos. Quería llegar adonde había soñado. Adonde nunca había llegado. Quería algo grandioso para sí misma y para los dos. Y, además, hacerlo a su manera y compartirlo con su amor. Arrel no conocía el compromiso. Pero el corazón de ella aún lo amaba. ¿Cómo lo hacía? Eso era lo doloroso.

Yssi le señaló la luna, y el tonto de Arrel se fijó en el dedo. Su corazón siempre elegía diferente de lo que necesitaba. Había llegado a la cima de la montaña con la persona equivocada. ¡Qué tristeza madurar y ver a un extraño con la mitad de tu vida!

Hay algo de locura en el amor. Pero también hay que poner algo de certidumbre a la locura.

—El amor duele—dijo Yssi y lloró.

Cuántos sueños se tornaron imposibles
cuando se hubieran podido realizar con facilidad.
Cuántas almas se arruinaron
por concebir el éxito difícil de alcanzar.
Cuántos triunfos se hicieron nada
entre lamentaciones y excusas.
Cuántos líderes se sometieron
antes de luchar con pasión.
Cuántas lágrimas reemplazaron esas sonrisas
que tanto nos gustaban y que se fueron.
Cuánta felicidad se volvió desdicha.
Cuántas veces la indisciplina
nos derrotó una y otra vez.
Cuántas vidas no se vivieron.
Cuántas almas se perdieron.
Cuánta felicidad se desperdició en una vida
vacía por permitir que el orgullo decidiera
en nuestro corazón.
Cuántas promesas se frustraron
y cuántos juramentos se olvidaron
entre la indiferencia y el descuido.
Cuánto amor se volvió odio.
Cuántas veces se lloró.
Cuántos besos no se dieron y cuántas caricias se negaron.
Cuántas noches no se durmió.
Todo por no someter el instinto
e intentar ser mejor.

En adelante, Yssi sería cautelosa, pero bondadosa con quien sí mereciera su corazón.

—¿Quién es más libre? Yo, que no me aman y sufro de soledad. Pero aun así soy feliz. ¿O quien vive el amor aunque sea una carga en su vida?—murmuró—. La vida te da golpes que, a veces, son duros de sortear, pero también hay quienes los buscan por voluntad propia.

Yssi aprendió que las respuestas se encuentran donde nacen las preguntas. Y que, en ocasiones, descubrirlas puede tardar toda una vida. Pero ella no era de las que esperaba a que se quitara la tormenta, sino de las que caminaban bajo la lluvia.

Un día llegó hasta la Gran Montaña. Las demás islas se burlaban conforme avanzaba. Su pecho le explotaba, y su corazón, que le latía con fuerza, iba a salírsele por la boca. Al ver la grandeza del lugar, quedó sorprendida.

En las playas de la Gran Montaña había mucha vida. Su base estaba rodeada por espesos bosques, que se volvían pequeños a lo lejos. En su punta, las nieves blancas y frías dibujaban un cuadro invernal que partía el cielo hacia el otro mundo.

Yssi se acercó.

—¿Tú eres la Gran Montaña?—le preguntó.

—¡Sí, soy Kador!—contestó—. ¿Tú quién eres?

—Soy Yssi—respondió—. ¿Qué deseas, pequeña?

—Conocer el secreto que me lleve a descubrir la sabiduría. La fuerza vital del universo.

—¿Secreto?—preguntó Kador.

—El secreto maravilloso—insistió ella.

—No deseo decepcionarte . . .

Yssi asintió presagiando malas noticias.

Kador continuó:

—Lo que buscas—le señaló—no es un secreto. Es algo sencillo.

Yssi hizo un ademán de confusión.

—La fuerza vital del universo—continuó Kador—es la confianza, la disciplina, la emoción de hacer lo correcto. El secreto de levantarse después de caer.

—¡Eso me trajo a ti!

—Ese es el secreto . . .

—No lo esperaba.

—Lo mejor de la vida viene por sí solo. No tiene sentido esperarlo—le dijo Kador.

—¿Por qué no compartes el secreto?

—Lo he compartido—respondió él—, pero pocos se comprometen con el mundo como tú lo hiciste.

—Nunca lo imaginé . . .—expresó Yssi.

—Está escrito—comentó Kador.

Mientras hablas de éxito,
una oportunidad puede estar esperando
por ti y se pierde.
Mientras dudas,

otro corazón puede robar tu amor.
Mientras te decides,
alguien más atinó el camino
y te aventaja.
El triunfo no consiste en hacer lo que quieres,
sino en amar lo que haces.

—A muchas cosas nos atrevemos. Pero mi éxito, el secreto, está en la armonía, Yssi. En el ritmo, en los tiempos, en la tonalidad del momento preciso y sus ventajas—explicó Kador.

Y continuó:

—Que tu ritmo esté a tono con la realidad en la que vives. Y a propósito de los sueños, actúa como si no supieras el resultado de tus esfuerzos. ¡Qué atrevida! Te juzgará el mundo. Pero una vida sin audacia es una vida sin reglas por romper. El que quiera ser mejor tendrá que provocar al mundo de vez en cuando. Lo demás viene por añadidura.

Para el final, Yssi encontró la fuerza vital del universo en las sabias palabras de Kador.

Si pudiera cambiar por mí solo el rumbo de la humanidad, lo haría; pero he concluido que el poder no radica en lo que imaginamos, sino en lo que hacemos.

José de Jesús López Reyes

Juanito y la colmena de la sabiduría

Da tres vueltas por tu cabeza antes de decidir.

Juanito vivía en un pueblo. Su padre, David, le dijo una tarde:
—Hijo, los hombres que no tienen nada valioso que dar le generan problemas al mundo. Tu carácter será tu mejor carta de presentación en la sociedad. Si no lo formas, te destruirá.

Pero, obviamente, Juanito tomó el consejo como reprimenda.

—El comportamiento es el espejo del alma—continuó David—. Nunca pierdas los pies del piso porque solo así tendrás la verdadera referencia de dónde estás parado. Todo tiene su modo correcto de hacerse porque antes hubo quienes aprendieron tras cometer errores.

Un día, David cayó en cama y, por supuesto, Juanito tuvo que salir a al campo a trabajar. Y en su camino, se encontró una colmena.

Juanito quiso obtener la miel a su manera, y las abejas casi lo matan. El chico permaneció inconsciente tres días por el ataque. Y, cuando despertó, abrió los ojos, vio a su papá, y recordando su enseñanza, le dijo:
—Papá, tienes razón. De la manera correcta es mejor.

El padre percibió una buena oportunidad y le expresó:
—Juanito, la vida es como una colmena. Como la trates, te tratará. Te dará miel o dolor. De los errores surge sabiduría, nunca desesperación. Y ten presente que el buen comportamiento siempre depende de nosotros aunque tengamos a un mundo equivocado que nos rodee. Que al final de cuentas, hijo mío, la primera mano con la que debes contar es parte de ti. Porque nada produce más dolor que un carácter colmado de emociones incontrolables. Ten paciencia y fe, Juanito, que el cielo observa y la vida es perfecta.

Cuando el árbol es reacio, la leña será muy dura.

José de Jesús López Reyes

Tu verdadero "yo"

*La obligación primordial del hombre y
de la mujer es convertirse en todo aquello que
pueden llegar a ser.*

En las ribereñas colinas del lago Penn, habitaban una parvada de palomas. Un poco más arriba, pero en el mismo árbol, anidaban las águilas arpías.

En cierta ocasión, el árbol fue sacudido por una ventisca que derribó un huevo de águila dentro del nido de las palomas. Al nacer el polluelo, obviamente se creyó una paloma como todas las demás.

Un día, un águila rondaba el árbol, y las palomas huyeron alocadas para salvarse de su cazador. En la persecución, el águila arpía notó que una de su especie huía también y, confundida, rápidamente la atrapó para averiguar qué sucedía.

—¿Por qué huyes?—le preguntó una vez que la tuvo en sus garras.

—¡Porque me devorarás!—respondió la otra forcejeándose.

—¿Se te ha zafado un tornillo? ¡Tú no eres una paloma!

—¡Sí, lo soy . . . !—le dijo.

—No hay duda, la debilidad la llevas por dentro.

—¿Por qué lo dices?—opinó el aguililla.

—Porque la vida te dotó de mucho talento y, mira, lo desperdicias con miedo, con excusas, con debilidad.

—¿De qué hablas?

—Del talento que verás a continuación.

La arpía le ordenó volar juntas sobre un lago y, al ver su reflejo en el agua, el aguililla se sorprendió.

—Tengo miedo—le comentó al verse diferente según otra perspectiva.

—No temas. Somos limitados. Pero podemos superar esos límites.

—

29

—Temo fracasar.

—Si te atreves, el universo mismo te proporcionará la fortaleza para no fracasar.

—¡Es verdad! El pasado fue un error, el futuro es mío. Mi vida no se basará en un pasado inútil. Seré mi propio poder—expresó y decidió de golpe.

Si miras dentro, conocerás tus tinieblas, entonces sabrás cuánta luz hace falta encender en ti

José de Jesús López Reyes

Una orquesta muy singular

Quien conoce la exquisitez de sus deseos actúa con sutileza.

Por la mañana sonó insistentemente el teléfono de la oficina. Era el supervisor, quien notificó al director que su escuela había sido elegida como sede del Concurso Estatal de Orquestas.

—¡Imposible!—respondió el director cuando escuchó la propuesta—. Aquí nadie sabe tocar un instrumento, señor.

—¡Pues no es una petición! ¡Es una orden! ¡Debe acatarla de inmediato!—le indicó.

El supervisor no había procurado ni seis meses para el concurso. Y era apresurado intentar un evento de esa magnitud.

Al director le sudaban las manos mientras iba a dar la noticia a sus colegas. Ellos escucharon preocupados la novedad y creyeron no poder hacerlo.

Después, de manera rápida, se organizó un examen de aptitudes musicales entre los alumnos.

El director les comunicó:

—¡Vamos a ganar ese concurso, muchachos!

Y se dispuso a repartir los instrumentos.

—A ti, la trompeta, toma—comenzó a entregar los elementos. El niño la miró boquiabierto. En la vida había visto una—. Tú, la guitarra; tú, el saxofón; tú, el violín; tú . . .

De pronto se escuchó:

—¡Yo no quiero un instrumento, señor!

El Director miró hacia abajo.

—¿Qué pasa, niño? ¿No te agrada la música?—titubeó al ver la seguridad del chiquillo.

—¡Por supuesto que me agrada!—contestó el pequeño.

—¿Entonces?—indagó el director.

—No quiero tocar. ¡Quiero dirigir la orquesta!

El director carcajeó y preguntó:

—¿Crees que podrás hacerlo?

—¡Claro que sí!—respondió el niño.

—¿Por qué lo dices?

—¡Porque sé lo que quiero!

—¿Y . . . ?—indagó el director.

—Si no lo supiera, siempre estaría a la orden de quien sí lo sabe, señor . . . y eso no me gustaría.

El día del evento el niño dirigió la orquesta y ganaron.

Pon una idea genial en manos de un emprendedor y será todo un éxito

José de Jesús López Reyes

FIDEL, EL HÉROE

*En el buen ejemplo se manifiesta
la verdadera integridad.*

Al llegar al pueblo de Villa Felicidad, José María se estiró un poco para descansar, pero enseguida vio algo que llamó mucho su atención. Era un mural que exponía: "Fidel se saca la lotería". Esto no lo perturbó. José María era seguro de sí mismo. "Cualquiera puede tener suerte", consintió y dijo para sus adentros.

Posteriormente, advirtió en el noticiero una nota que mostraba: "Fidel invierte muchos millones para dar seguridad y empleo". Él no quiso darle trascendencia a eso e ignoró la nota.

Pero, más adelante, mientras disfrutaba de una fresca caminata por el parque, se percató de que en un puesto de periódicos se anunciaba en grande la noticia: "Fidel obsequia importante suma de dinero al asilo. Varios ancianos tendrán alimentos dignos por un año".

De regreso al hotel se admiró de nuevo porque otra vez volvió a ver la foto de Fidel en un cartel amplio que informaba: "Vota por Fidel para Presidente". Sin duda, ganaría la elección. El pueblo lo adoraba.

No obstante, la grandeza de aquel hombre agobió a José María, quien se acercó y preguntó a la recepcionista qué estaba sucediendo.

—Oye, ¿quién es Fidel? ¿Un hombre brillante? ¿Alguien muy rico? ¿Qué está pasando?

—No. Nada de eso . . .—contestó la recepcionista.

—Entonces, ¿por qué lo adoran?—volvió a preguntar José María.

—Fidel es un hombre normal, a excepto de algo . . .—respondió ella.

—¿Y qué es?—preguntó rápido José María.

—Que Fidel se atreve a luchar y a triunfar por su gente como nadie lo ha hecho jamás.

Un hombre con ideas es fuerte, pero un hombre con ideales es invencible.

José de Jesús López Reyes

AGUA DE VIDA

¿Que cómo lo logré?
Hice lo correcto, en el momento adecuado.
Aproveché la oportunidad, y lo demás se dio por sí solo.

El discípulo se aproximó a su maestro.

—¡Maestro! ¡Los problemas me aquejan! Deseo vivir en paz con mi familia. ¿Qué puedo hacer?—apuntó.

El maestro le respondió con brillante intelecto filosófico:

—Acéptalos como son. ¡Sé tolerante con sus errores! Repréndelos con cariño. Perdona y pide perdón.

—¿Eso será suficiente, maestro?

—Por supuesto—le respondió este—. Anda, ve al santuario, y toma un poco del "agua de vida"—Le señaló un estanque a la distancia y le recomendó—: Ve a casa. Eso te ayudará a ser feliz.

El joven discípulo lo obedeció. Tomó el agua y la llevó consigo para su casa.

Concluida una semana, el discípulo se acercó de nuevo a su mentor y le dijo:

—¿Maestro?

—¿Puedo ayudarte?—le preguntó este.

—Sí. ¡Mi familia es muy pobre! ¿Qué debo hacer para sacarla adelante?

—Ve y trabaja con inteligencia—le respondió—. Ahorra, invierte, sé paciente y evita la desesperación.

—¡Necesito más agua de vida!—se inclinó con reverencia el alumno—. ¿Puedo tomarla?

—Por supuesto—sonrió cándidamente el maestro.

De esa manera el joven discípulo había entendido la solución. Así que tomó el agua y se marchó donde se encontraba su familia.

Pasado un tiempo, volvió a ver al maestro.

—¡Maestro! Fuiste la solución a mis problemas—dijo el discípulo alegremente.

—¡Vive el momento como si fuera tu último!—le expresó el maestro—. Lo que deseas te forma. Tómate tu tiempo. Los problemas desprenderán dos o tres hojas durante el invierno, pero no detendrán la llegada de tu primavera. Anda, ve, ¡haz feliz a tu familia!

—El agua, el agua de vida me salvó, maestro.

Al maestro se le dibujó una sonrisa.

—¿Por qué sonríes?—le preguntó el discípulo.

—Porque no todos ven el árbol de igual manera, muchacho. Donde algunos se lamentan porque el árbol ha muerto, otros ven buena madera para construir. Y el agua, el agua de vida, es agua común, muchacho—sonrió—. No cabe duda de que la razón lo cura todo.

El discípulo se iluminó. Y se sintió afortunado y decepcionado a la vez. Afortunado porque los buenos consejos le dieron la tranquilidad que deseaba. Y decepcionado porque el agua de vida era agua común. No lo había logrado ningún milagro.

La tranquilidad es la sal de la vida.

José de Jesús López Reyes

ANÉCDOTA DE UN DÍA COMO TODOS

*El poder es arrogante por esencia,
mas ¿cómo aferrarse a dominar
el viento si todo en esta vida
es breve, efímero y fugaz?*

Un día, sentado bajo un árbol, un pájaro voló por encima de mí y me ensució la camisa. A mi lado estaba un anciano que, carcajeándose mientras me limpiaba la mierda, me dijo:

—Si quieres que los de arriba no te ensucien, entonces permanece atento a lo que sucede allá arriba. Y si estás en lo alto, trata de no ensuciar a los de abajo porque no sabes si descenderás.

Dejad al necio que bese el suelo y se empolve de una poca experiencia. Y permite al derrotado otra oportunidad. El mundo gira demasiado rápido, y es ahí abajo en donde todos, triunfadores y fracasados, humildes y arrogantes, nos miraremos un día con un sentimiento de hermandad.

El más grande enemigo del poder no es la oposición, sino el tiempo.

José de Jesús López Reyes

PEDRO Y PABLO

La verdad está tan cerca que, si no somos listos, nos nubla la vista y no vemos nada.

Pedro pescó en el corazón y encontró amor. Pablo se dedicó a pescar en el cuerpo y encontró ansiedad y nerviosismo.

Pedro pescó en la paciencia y encontró compañía. Pablo pescó en la agresión, y lo abandonaron.

Pedro pescó en el trabajo y halló resultados. Pablo pescó en el pretexto y halló desventaja.

Pedro pescó en la alegría y obtuvo sonrisas. Pablo pescó en la apatía y halló desprecio.

Pedro pescó en la serenidad y encontró paz. Pablo pescó en la cobardía y encontró soledad.

Pedro pescó en las ideas y encontró maneras de realizarlas. Pablo pescó en las emociones y fracasó.

Pedro pescó en la dedicación y encontró habilidad. Pablo pescó en la insolencia y obtuvo lástima.

Pedro pescó en la sensatez y obtuvo resultados. Pablo pescó en la fantasía y halló frustraciones.

Pedro pescó en la voluntad y encontró recompensa. Pablo lo dejó todo para después y lo abrazó la pobreza.

Pedro pescó en la tolerancia y halló perdón. Pablo pescó en la crítica, y el rencor lo mató.

Dime dónde pescas y te diré qué hallarás.

Tengo tanto pasado allá, en donde se repiten mis sueños,
que un día iré y volveré a empezar mi vida.

José de Jesús López Reyes

EL MENSAJE DE LA VIDA

La tristeza solo nos afecta
cuando nos acordamos de ella,
lo demás es pura alegría.

Al cumplir los 18 años, Isaac se preguntó por qué sufría tanto. Su hermano Jacob, que le observaba desde lejos, le dijo:

—Te noto triste, ¿qué te ocurre, hermano?

Isaac asintió y bajó la mirada. Lanzó un gimoteo que agobió a Jacob y le señaló también:

—¡Todo es difícil para mí, hermano!

—¿Por qué lo dices?—preguntó Jacob.

—Porque tengo 18 años. Y, ¡mírame! He sufrido desde que entiendo lo que significa una lágrima. ¡Todo es malo para mí!

Jacob asintió con un nudo en la garganta.

—Sé positivo—le indicó a Isaac—. Sé que por alguna razón la vida te ha golpeado demasiado, pero ¡vamos! ¡Debes reponerte!

—No puedo.

—La vida es hermosa. ¡Alégrate!

—Pero mi alma se hizo a llorar.

—¡No te acobardes!

—Estoy derrotado. Soñé un sueño que jamás se cumplió. Tiempo perdido.

—No sueñes tu vida. Vive tu sueño. ¡Vamos! No eres el Isaac que conocemos.

—La vida nos hiere por diversión, hermano.

—Todos los recuerdos son dolorosos. No los ocupes. Toda esperanza es alegre. Tu felicidad está ahí dentro, solo tienes que buscarla.

—Pero ¿cómo intentar? Si a mi alma la atormenta el sufrimiento.

—Hermano, sé paciente. El tiempo lo cura todo.

—Pero ¿quién nos cura del tiempo?

—Sólo tú que te provocas tu miseria. Mírate—le dijo.

Isaac suspiró profundamente. Estaba enfermo de un resentimiento que no le permitía ser feliz.

—Tu poca fe te acusa como a ninguno, Isaac. Cada vez que te suceda algo malo no elijas sentirte víctima; mejor elige aprender de ello.

—No soy ingenuo, hermano. Sé lo que hago.

—Pues como actúas me dice diferente. Todo el mundo comete errores. La clave es equivocarse con la solución en la mano. Más vale intentar que vivir derrotado

—He intentado como dices. Y no da resultado.

—Puede ser que en donde estés no te funcione.

—¿Entonces, crees que saliéndome de este infierno esté mi felicidad?—le preguntó Isaac a su hermano.

—No puedo asegurarlo—le contestó Jacob—, pero debes cambiar, intentar cosas que te favorezcan.

El mundo cambia como cambia la hierba del campo,
que nunca es la misma en todo el año.
Todo cambia como el calor del sol por la
mañana y por la tarde.
Las cosas cambian
como cambia el amor o el agua de los ríos.
Todo fluye, se hace grande o pequeño o
desaparece.
Nada es constante.
Dejar ir también es sano.

—¡Intenta! Nunca es demasiado tarde para llegar. Lo que buscas no aparecerá de la nada. Si no entiendes, pregunta. A menudo mucho sucede y sin saber por qué. Eso significa que nada está planeado. Sé espontáneo e impone tus buenas ideas y realízalas. Vas a ver cómo después sonreirás de este mal momento. Observa el vino de tu cantimplora—le explicó—. ¿Lo ves?

—Sí.

—¿Estás de acuerdo en que es un buen vino?

—Sí, ¿por qué lo preguntas?

—Porque para poder disfrutarlo, las uvas lo sufrieron. Número uno: son elegidas entre muchas uvas. Número dos: se las pisotea y se las destroza. Número tres: se las coloca a fermentar en una larga espera, durante la oscuridad. Número cuatro: dejan de ser lo que son. Dejan atrás el pasado para convertirse en un buen vino. Si no lo sufrieran, no merecerían la transformación. Precisamente así pasa con nosotros. Trascendemos a través del dolor. El sufrimiento nos hace fuertes.

—Tal vez sea cierto. ¡Pero yo no soy una uva!—le gritó Isaac—. A mí me duele no ser como los demás.

—No eres como los demás porque aportarás lo tuyo.

—Hermano, tu intención es buena y se te agradece . . ., pero mi mala suerte se repite y se repite. ¿Cómo hago?

—Un cambio de actitud te vendría bien.

—Pero el destino me procuró la espalda desde niño.

—¿Ves esta moneda de oro?—preguntó Jacob.

—¡Sí! ¿Qué intentas hacer?—contestó Isaac temiendo una nueva locura de su hermano.

—¡Lo siguiente!—respondió Jacob y arrojó la moneda a la distancia.

—Pero, Jacob, ¡es mucho dinero!—le reclamó su hermano.

—No te preocupes, ¡la encontraremos!

Isaac lo acosó molesto en toda la búsqueda. Y ambos escudriñaron entre la maleza hasta que más tarde apareció.

—¡Estuvimos a punto de perderla, Jacob! ¿Qué te pasa?

—No arriesgaría sin provecho—le señaló el hermano—. ¿La moneda posee el mismo valor?

—¡Sí!—indicó Isaac—. ¿Por qué lo preguntas?

—Pues no es verdad.

—¿No es verdad?—expresó dudando Isaac.

—No. La moneda ahora tiene más valor.

—¿Lo tiene?

—¡Sí! ¡Porque casi la pierdo! ¡Por eso la valoro más que nunca!

A Jacob se le rodó una lagrimilla.

—Comprendes el mensaje de la vida. Podemos fracasar, perdernos, tropezar y caer pero, al final, siempre poseemos el mismo valor o más.

Isaac sollozó con un suspiro que llegó hasta el cielo.

—¡No me conozco!—exclamó y abrazó a Jacob.

—Nadie fracasa si no lo permite su corazón.

Solo así Isaac entendió el mensaje de la vida: "Cada día tenemos la elección de vivir plenamente. La decisión de cómo eres, cómo te ves, cómo te sientes y cómo vives es tuya y de nadie más. Al final, tu actitud lo es todo".

Ni en el más oscuro de mis momentos he dejado de creer en la luz.

José de Jesús López Reyes

EL TREN DE LA
BUENA FORTUNA

Genial es aprovechar el pasado,
el presente es riqueza por sí solo.

En la estación de tren esperaba. De improviso llegó la amistad.

—No . . ., mucho tiempo perdido—dije y la rechacé.

Al poco rato se asomó el éxito.

—¡Imposible!—pensé por lo difícil de alcanzarlo.

Súbitamente floreció el amor.

—No, es muy comprometedor. Primero me forjaré un futuro—. Y resolví colocarlo en el vagón de carga.

Cuando un rayo de sensatez me llegó, el tren de la buena fortuna había partido.

Alguien se acercó.

—¿Conoces la felicidad?—preguntó.

—No—le contesté—. ¿Y cómo es?

—Viene con la amistad, el éxito y el amor.

—No, no la conozco—respondí sintiéndome solo—. ¿Quién eres?

—Soy tu conciencia. Y vine a regalarte estos tres presentes. La felicidad que rechazaste.

—¿Y ahora qué hago?—pregunté.

—Esperar. El tren de la buena fortuna suele pasar otra vez.

—¿Y si no lo hace?

—Evita mirar hacia atrás.

—¿Y si vuelve?

—¡Arrebátale una oportunidad!

Las posesiones y el amor se pueden recuperar, el tiempo jamás.

José de Jesús López Reyes

NADA EXTRAORDINARIO

*La fuerza más fuerte de todas es la
nobleza de corazón.*

En aquellos tiempos, un ente cansado de existir en la oscuridad pidió al Todopoderoso que lo ayudase.

El Todopoderoso preguntó:

—¿Qué deseas?

El ente ignorante dijo:

—¡No sé lo que quiero!

—Entonces no puedo complacerte—respondió él.

—¿No puedes?

—No, debes tener en claro lo que deseas.

—Entonces lo quiero todo—le insistió.

—Tus anhelos son vagos, así no te ayudaré.

El Ente caviló un poco y le comentó:

—Deseo ser diferente. Salirme de la rutina.

El Todopoderoso calculó su deseo y le concedió:

—Te concederé algo grandioso. A partir de este instante dejarás de ser un ente. Te entregaré la vida, que es maravillosa. Vivirás como un cuerpo. Sensible al dolor o al gozo, al amor o al odio, a la miseria o a la dicha. A tu cuerpo, que lleva el regalo sublime de la salud, deberás protegerlo porque de él dependerá tu existencia. Tu cuerpo, como todo lo existente en el universo, estará sujeto a las reglas que dicta el cosmos. Si alteras dichas reglas, te castigarás.

Y así comenzó.

El ente empezó a vivir con un quejido que le dio vida y, abriendo los ojos en medio de la luz, el ente lloró, existió y vivió.

Su cuerpo era perfecto. Adecuado a toda case de labores. Poseía el valor noble de la belleza y el tesoro invaluable de la salud.

Sin embargo, se intoxicó con estrés, excesos y placeres. Ultrajó la naturaleza de su cuerpo. Y alterando su salud y rompiendo las reglas del cosmos, mal utilizó su cuerpo y lo enfermó.

Adolorido por su interminable malestar, gritó su desdicha al Todopoderoso, diciéndole:

—Mi cuerpo tiene limitaciones. ¿Qué ha sucedido?

El Todopoderoso escuchó y respondió:

—¡Conozco tu realidad!

—Estoy insatisfecho . . .

—No debiste romper el equilibrio. Si no era para mejorarlo.

—No soy libre . . .

—Busca en tu espíritu.

—¿Eso me ayudará?

—Te mostrará el camino—le expresó.

—No quiero que me duela.

—La existencia posee normas.

—Normas que no conozco. Debiste explicarme los detalles.

—Te excediste—le dijo—. Ahora debes ser paciente y esperar a que tu equilibrio se restablezca. Entenderás que todos los excesos son malos. Acéptame como guía y no sufrirás—le reveló.

—No, porque tardas mucho. Yo necesito una solución rápida.

—Solo el tiempo es demasiado rápido como para exigirle—le señaló.

—No quiero tus sermones. Tengo mis propios métodos. Anda, posees esplendor, ¡comparte tu grandeza ahora que estoy derrotado! Si en verdad deseas ayudarme, este es el momento.

—Es peligroso el conocimiento en manos de los malvados.

Pero como un padre que tolera los descalabros de su hijo, el Todopoderoso resolvió ayudarlo de nuevo. Esta vez con la esperanza de que hallara por sí mismo la esencia de la vida.

—Te socorreré—le indicó—. En esta ocasión te proveeré el razonamiento. El libre albedrío. Con él serás responsable por tus decisiones. En tu razonamiento se encuentra la prudencia. Si quieres sobresalir de la mayoría ignorante, cultiva tu conocimiento y envuélvelo en nubes de silencio. Tus palabras indicarán tu valor. Del mismo modo estarás regulado por las reglas del cosmos. Si alteras dichas reglas, te castigarás.

El ente recibió el razonamiento, y de inmediato abrió los ojos y descubrió que disfrutaba de una pureza mental que le provocaba sonreír a todo con inocencia.

Era genial y divertido. Provocaba alborotos cuando decía la verdad. Los demás lo adoraban por eso y lo hicieron su amigo.

Sin embargo, sobrepasó los límites, que destruyó con intrigas, e hizo daño con su inteligencia. Manipuló a todos para su egoísmo y por eso se marcharon de su lado. Lo rodeaba una jaula de oro donde se hallaba solo.

El ente destruyó muchas vidas. Mintió varias veces. Traicionó otras más y, rompiendo varios compromisos con el poder de su falsa palabra, desapareció entre el polvo de su propia nada.

Un día, quienes le habían procurado su confianza, al sentirse traicionados, lo abandonaron y se perdió. Sus múltiples enemigos reclamaban su cabeza.

Todo por contaminar sus pensamientos de egolatría. Su malicioso plan para hacerse popular a costa de la mentira lo había derrotado.

En sus recuerdos se hallaban manchas negras de odio y de rencor por el pasado. Y en las memorias dolorosas, y en los deseos maliciosos y viles descubrió que se necesitan pocos años para aprender a hablar, pero toda una vida para aprender a guardar silencio. Todo eso le robó la paz que necesitaba.

Había alterado las reglas del cosmos y enloqueció. Al borde de la locura le explicó al Todopoderoso:

—¡Estoy en problemas! No encajo. Me siento solo. ¿Qué puedo hacer?

El Todopoderoso dijo:

—Tu angustia es tu consecuencia.

—No era mi intención fracasar—le señaló el ente.

—Nunca te detuviste cuando aun podías y te lo advirtieron. Cuanto más grande el caos, más grande tu error. Esa es tu medida.

—Pero me creaste y me abandonaste. ¿Qué tipo de creador eres?

—Tu última queja siempre será más difícil que la primera. Soy quien provee si se pide con humildad. Mira con el espíritu, lo esencial es invisible a los ojos.

—¡Maldita sea! No vale la pena existir—le declaró el ente.

—Abandonaste lo verdadero por lo fácil. Lo sabías. He ahí el origen de tus sufrimientos. Una gran vida es un gran desafío. ¿Por qué no viviste con precaución?

—¡Por favor, socórreme! Lo tengo todo, pero soy infeliz.

El Todopoderoso expresó:

—Esta vez te proveeré el amor, te ayudaré. Pero será tu última oportunidad para hallar la esencia de la vida. Si fallas, te regresaré de nuevo a tu principio.

El ente aceptó y dijo:

—¡Maravilloso! ¿Qué es?

—¿El amor? El átomo elemental del universo. La máxima energía de la creación. Tendrás mucho cuidado porque trascenderás o podrás destruirte con él.

—¡Seré cuidadoso!—le prometió.

El Todopoderoso ordenó:

—Toma el amor. Atesóralo con humildad. Procúralo con honestidad. Huye del amor vulgar y la fantasía. Obedece las reglas del cosmos o te castigarás.

El ente recibió el amor y, desde ese instante, amó a sus hermanos. Amaba a su amor, a alguien especial. Y se amaba a sí mismo como a la naturaleza.

Pero el ente se confundió. Y utilizó el amor para servirse egoístamente. Soberbio y traidor por naturaleza lo lastimó. Lo traicionó coqueteando a otros, y ahora todos lo miraban con desprecio.

—¡No soy feliz! ¿Qué pasa conmigo?

El Todopoderoso miró su tristeza y dijo:

—Vidas sabias cierran bocas. La tuya no fue así.

—¿Qué hago?—le preguntó el ente.

—No puedo hacer más—contestó el Todopoderoso.

—¡Ayúdame!

—Ahora soportarás tu dolor.

—Pero me desgarro por dentro. Debe haber alguna manera.

—Lo siento. Solo te queda esperar.

—Esperar, ¿qué?

—La muerte.

—¿La muerte? ¡No! Tengo muchos planes.

El Todopoderoso le dio la muerte. Y con el mismo suspiro con que le había dado vida, se la quitó. El ente se desvaneció, cayendo hacia un abismo negro mientras su alma se desgarraba de su cuerpo.

—¡Nooooo! ¡Quiero vivir!

De pronto.

—Cariño, ¿qué te sucede?

—¿Dónde estoy?—le preguntó a su esposa.

—En el hospital.

—¿Y qué hago aquí?

—Sufriste un accidente.

—¿Accidente? ¡No quiero morir!

—No te vas a morir, mi amor.

—Tuve un sueño muy extraño.

—¿Y qué sucedió?

—No, nada, nada—meneó con la cabeza.

—¿Entonces tuviste una pesadilla?—le preguntó su esposa.

—No, mi amor, no fue una pesadilla . . .

—¿Entonces?

—¡Es otra oportunidad!

De todos las actitudes humanas es la poca resistencia a lo placeres lo que mas cuestan a la vida.

Quien no enfrenta el mal lo fortalece

José de Jesús López Reyes

CONTRASTES

Debo pensar que mis palabras hablarán por mí.

Joe iba caminando cuando vio a un ciego por el otro lado de la calle. El invidente adelantaba, lento, pero sin tropezar. "¡Pobre hombre! Debería ir con cuidado", pensó Joe al verse en mejor condición que el ciego.

Pero, de pronto, Joe tropezó en un hoyo y cayó al suelo.

"¡Rayos! ¡Qué mala suerte! ¡Debo ver bien el camino!", se lamentó limpiándose lo sucio.

El ciego se alejó sonriendo y expresó: "¡Qué ingenuo!

No hay nada de malo en mostrarse tonto si se planea algo inteligente. El sabio predica con el ejemplo. Controla sin violencia. Gobierna sin imponer. Ordena sin ofender. Pide sin humillar. Y posee sin afectar.

No he conocido a un ave que negase ofrecer su canto al Creador. Ni he observado algún pez caminar sobre la tierra. Aún no he sorprendido a alguna montaña cambiando de lugar a voluntad. Por eso la felicidad siempre acompaña a quienes agradecen a su Dios, a quienes se mantienen fieles a sus valores y a quienes nunca se someten a la maldad.

José de Jesús López Reyes

La profecía

El momento más peligroso es cuando dejas de creer en ti.
El más doloroso cuando dejan de creer en ti.

Había una vez un hombre sin fe que aseguraba haber sido poseído por una especie de energía maligna. Y su incredulidad le había robado tantas oportunidades que prefería abandonarse en la soledad con miedo, antes de intentar ganar con inteligencia.

"Sobre seguro mis enemigos conjuraron para derrotarme", se decía en su interior lloriqueando.

Un día se decidió a ir con el viejo mago de las montañas. Un hechicero de cierta reputación a quien buscaría para lograr su ayuda.

El hombre viajó, llegó a la choza y pidió al guardián que lo dejase ver al viejo. El guardián preguntó su problema, el hombre habló y el guardián lo dejó entrar.

Al entrevistarse con el mago, el hombre declaró:

—Estoy aquí por una razón . . .

—Sé cuál es tu problema—interrumpió el mago mientras hacía unas pociones con humo rojo.

—¿Cómo lo sabes?

—No tienes fe, seguramente, como muchos que acuden a mí.

—¡No te he dicho nada!—se sorprendió el hombre.

El hechicero abrió un pesado libro, que después trató de leer con unos espejuelos que había sacado de su tabardo. Luego se sentó en una primitiva silla que crujía de vieja. Se mojó el dedo con saliva e intentó encontrar una página.

—Has venido a aquí motivado por una razón—le indicó.

El hombre se desesperaba.

—No he podido creer—expresó al mago.

—Para el que cree, las explicaciones salen sobrando—le apuntó—. Mejor, escucha, mañana por la mañana saldrás de viaje.

El hombre se asombró muchísimo.

—Un viaje, ¿para qué? No estoy preparado para irme.

—Irás a la Tierra del encanto.

—¿Allí está mi fe?

—¡No seas tonto, hombre!—reprochó el hechicero—. Allá está la roca de la virtud. Tráela contigo.

—Pero ¿la roca? ¿Para qué?—insistió el hombre.

—Para que sanes.

El hombre hizo un gesto de incredulidad. El Mago trataba de convencerlo:

—La roca te ayudará a recuperar tu fe—le alcanzó un amuleto—. Cuando creas y tengas fe, la roca se convertirá en oro.

El hombre no creyó la fantasía. Ninguna roca se convertiría en oro. Así que dio un paso hacia atrás y miro al mago de reojo como retándolo.

—¡Mientes! Viejo loco—le gritó.

—Lucha ahora o muere mañana.

—Está bien, iré—respondió el hombre.

—La fe te ayuda a soñar. El trabajo a vivir. Además, la roca no es una roca común—le indicó el mago.

El hombre se intranquilizó. El mago no conocía a nadie tan testarudo desde su esposa. El hombre era de los que se ponían agresivos cuando estaban nerviosos o de los que dudaban cuando se perturbaban.

—He comprendido que quien no tiene claro lo que está buscando tampoco tiene fe—sostuvo el hechicero.

A pesar de eso, el hombre obedeció y se fue sin protestar, como era su costumbre. Por la noche preparó todo para el viaje y se durmió en su cama.

Al otro día despertó. Con las orejas bien tiesas, y la nariz bien fría y húmeda, como de perro, se asomó por un huequito. El hombre veía cómo la bruma envolvía los perales del jardín. Resolvió no ir a la Tierra del encanto. Los párpados le pesaban como el planeta y su calentamiento global juntos.

La bruma se fue. El sol mandó un rayito de luz entre las nubes, que despertó el jardín y con el calor quemó lo muerto de la noche. Los animalitos se avivaron y salieron a hacer lo que todos los días suelen hacer, aquí y allá. Un amanecer brillante, incandescente, de renovación y espíritu. Un nuevo día, con nuevas expectativas. La naturaleza conspiraba para que el hombre encontrase su fe.

"Básicamente, uno no consigue nada con indiferencia", dijo y levantó su cuerpo de la cama. A nadie pidió opinión. Esmerado por no despertar a nadie, tomó una mochila en donde metió unos panes y se animó solo. Luego guardó el aliento. Llenó una cantimplora de agua y se marchó.

A menudo caminaba desbocando maldiciones: "¿Por qué yo?". "¿Por qué a mí?". "¿Por qué no a cualquier otro?". La ignorancia está más cerca de la verdad que la pereza. Por eso continuó.

Llegó hasta un valle y, cansado por el viaje, se tendió sobre la hierba suave, al lado de un ciprés de hojas aguijantes y dispersas, que se meneaban con el aire fresco, haciendo un ruido tenebroso en el desfiladero. Alcanzó un lugar que se divisaba hermoso por su naturaleza. Y frente a sus ojos, el tesoro de la Tierra del encanto. "¡Es asombrosa!", exclamó.

El hambre mermaba su vista. Y dentro de su bolsa de cuero, las migajas de un pan reseco le recordaban que la comida se le había agotado desde la mañana. Con gesto de pena, incrédulo como había sido toda su vida, tomó su cantimplora. La arrancó de su cintura y, al llenarla en un pequeño manantial, fue donde pudo ver una leyenda que decía: "Fuente de la eterna juventud".

Justo a la mitad se hallaba la roca de la virtud en un soporte de oro que brillaba mucho con el sol y lo cegaba.

El hombre se regocijó y gritó de alegría: "¡Fantásticooooooo!".

Saltó para agarrar una nube que lo miraba. Ella se hizo a un lado. "Loco", le dijo. El hombre miró la roca y se dobló los pantalones caminando en el agua fría para apoderarse de ella. "¡Ay!", expresó. Tomó la bolsa de cuero. Se estiró para alcanzar la roca a la que, una vez en sus manos, observó con cuidado y estudió. "En realidad eres tan poderosa", afirmó y sintió su poder, que no se distinguía a simple vista.

De regreso a casa, el hombre recordó las palabras: "Cuando hayas sanado, la roca se convertirá en oro".

"Tengo la roca, pero aún no tengo fe. La profecía me ha fallado", manifestó decepcionado mientras volvía.

De regreso en la choza, el hombre reclamó fuertemente al hechicero:

—¡Eres un fraude! ¡Maldita sea! ¡Solo es un trozo de tierra dura y nada más!

Descubrió la roca. El mago explicó:

—Nadie cambiará lo que debes cambiar tú.

El hombre lo miró rabioso. Quiso golpearlo por su falso augurio, pero se recató por su edad y metió la roca en la bolsa. Luego negó con la cabeza. Le dijo injurias al viejo y se marchó.

Llegó a casa. No sin jurar vengarse del mago. Acercó una silla y rabió con un poco de vino.

"¡Maldito oportunista!", exclamó refiriéndose al mago.

Todos nos desesperamos cuando no nos resulta. Y como un niño que intenta escapar, pero no puede, el hombre se acostó en su cama, y esa noche, en secreto, lloró como nunca lo había hecho.

Siempre se gasta una bala cuando se pretende dar en el blanco. El hombre sabía que la vida no solo se crea de éxitos. Así que reflexionó por su fracaso y se conformó pensando: "Nunca se pierde del todo cuando al menos se aprende a tener paciencia". Como dicen por ahí: "Cuando la experiencia llega, el tonto ya se marchó".

Al día siguiente el hombre se despertó ensimismado. Se sentía triste. Dio un suspiro con el que casi pierde el resuello.

¡Esperen un momento! El hombre se sentía pleno. Notó algo. El vacío había desaparecido. La magia, la ingenuidad, la certeza de soñar, de creer, de intentar y de lograr.

Se notaba seguro de sí mismo. "Todo se puede", se dijo. "¡Un momento! ¡He creído! ¡Le he creído al viejo! ¡Tuve fe! ¡Y fui en busca de la roca!

Dio un salto decisivo que lo levantó de la cama. Tenía una corazonada, y corrió a ver la roca, que continuaba siendo roca, pero no le importó. Recapituló todo y era cierto. ¡Había creído!

"Iahooooooo", gritó de felicidad, de alegría, de libertad. Salió y corrió libre. Recordó las sabias palabras del mago: "Eres tú quien debe decidir". El hombre gritó feliz a los árboles, al viento, al cielo. ¡Había creído! Olvidó la roca, y se fue a ver a su esposa.

"Soy un hombre nuevo, mi amor. Creo. Tengo fe. De ahora en adelante nada nos faltará".

Ese día por la mañana un hombre salió al mundo y lo conquistó todo. Al mismo tiempo, en la bolsa, la roca de la virtud se había convertido en oro.

El éxito se compone de voluntades que hay que intentar y de voluntades que hay que someter.

Hemos aprendido a volar como el águila, a nadar como el delfín, a correr como el guepardo . . ., pero no hemos aprendido a resistir las tormentas con el estoicismo de las montañas. Ni a esperar la bonanza con la probidad de los árboles. Luz y oscuridad, nada es perpetuo, todo cambia. Los buenos y malos tiempos vienen y van. Solo hay que estar preparado para saber cuál de los dos se aproxima.

José de Jesús López Reyes

No intentes cambiar lo que amas

---

*Cuando ames sin pretensión,
entonces dirás que amas de verdad.*

En la comarca de Buenaventura eran vísperas de Navidad. Sir Jonhs era un apuesto caballero que vivía en una choza cercana al castillo.

A poca distancia habitaba la hermosa Lady I, prometida de nuestro héroe.

Sir Jonhs, "enamorado hasta los huesos" de la chica, pretendía hacerle un regalo excepcional en la noche de Navidad, con la finalidad de que ella aceptase casarse con él.

Así que se dispuso a investigar entre sus amigas los gustos de tan distinguida dama.

Lady Cameron—una de ellas—le contó: "En la galería de Villa Honorable, Sir Johns, hay una pintura que Lady I ama con todo su corazón. Y que cada vez que la ve se estremece con su arte exquisito y seductor. Pero debido a su orgullosa ocupación de artista, mi amiga jamás se atrevería a comprarla".

Al escuchar eso, Sir Jonhs se apresuró a conseguir la pintura. Y una vez que la tuvo en sus manos, la envolvió en un regalo y se la llevó a casa.

De esa manera, en la Nochebuena, este comentó a su amada que le daría algo "fantástico" para que aceptase casarse con él.

La chica destapó el regalo en el momento justo y quedó muy impresionada con lo que vio. "¿Cómo pudiste adivinar mis deseos?", le preguntó con entusiasmo, pero con un sutil toque de desdén.

Sir Johns supo de inmediato por la reacción de su amada que algo no andaba bien en ella. Porque una vez que la chica tuvo el cuadro en su poder, poco a poco y a menudo, intentaba modificarlo con sutileza. A su capricho e interés, reparando aquí y allá imperfecciones que no le parecían propias a su beneficio y antojo. Hasta que un día, resultado de un berrinche, lo dañó y rompió violentamente.

El cuento termina cuando Sir Johns la ve arrojando el cuadro impulsivamente a la basura, y desiste casarse con ella.

Moraleja: No intentes cambiar lo que amas o terminaras odiándolo.

Uno aprende a amar hasta cuando todo lo demás no ha funcionado.

José de Jesús López Reyes

JUSTICIA DIVINA

Simplemente debes entender que caminarás mucho
antes de recorrer tu destino,
mas tu verdadero camino lo elegirá tu corazón

Tres semillas se precipitaron al suelo a consecuencia de un suave viento nocturno.

La primera de ellas rodó entre la hojarasca, en medio de la tierra húmeda y fértil, que luego creció en un árbol grande, pero de tallo blando y débil.

La segunda se alejó un poco y cayó sobre el suelo reseco. Germinó y se convirtió en un arbolillo flacucho y quebradizo, de ramas secas y desaliñadas.

La tercera encalló entre las rocas filosas, destinada a morir. Pero, gracias a su tenacidad, logró partir la roca y se transformó en un fuerte roble.

Un día se puso a prueba la resistencia de los tres arbolitos pues, cuando el vendaval sopló durante toda la noche, los vientos encorvaron sus tallos y sacudieron sus ramas tratando de derribarlos.

Al amanecer, el primer arbolito, blando y débil, no pudo soportarlo y se dobló hasta el suelo. El segundo árbol, quebradizo e inseguro, no superó el desafío y se partió por la mitad. Mientras que el tercero, confiado en sus raíces profundas y acostumbrado al sufrimiento, soportó el viento y sobrevivió.

Su padre los observaba desde lo alto. Lamentó lo sucedido con los dos primeros pero, sintiéndose orgulloso por el tercero, reconoció en él su misma pasión triunfadora y lo protegió.

Hoy, dos grandes robles intentan acariciar el cielo.

No me molesta que no me crean como que no me tengan fe.

José de Jesús López Reyes

Está en ti

Y mi Dios me respondió:

"Hijo mío, cuando necesites conversar conmigo, no mires hacia arriba, no acudas a lugares lejanos, no hagas promesas que no cumplirás. No me encuentro en soluciones rápidas ni en penitencias dolorosas. Hijo mío, cuando desees conversar conmigo . . . ¡Búscame en tú corazón! Ahí me encontrarás".

Dios está en el camino que lleva al cielo.

José de Jesús López Reyes

Los "amores roca"

Si para tenerte en mis brazos tuvo que suceder
lo que sucedió, agradezco a mi Dios por la experiencia
y por haberte amado como mi corazón te amó.

Alí caminaba por el desierto asilado por el apabullante silencio de la soledad. Y se preguntó:

—¿Qué bastará para no marchar solo por las arenas?

—Alí, eres bueno—se escuchó decir a una voz que venía de todas partes—. No debe dolerte tu soledad.

Alí se sorprendió y volvió la mirada hacia todos lados. Al comprobar que nadie lo rodeaba, se asustó muchísimo.

—¿Qué debo hacer para que me amen? No quiero estar solo.

La Verdad le dijo:

—Ve hacia el Sur. ¡Busca el oasis del amor! Ahí te indicaré qué hacer.

Alí obedeció gustoso. Y, al colocarse el sol en el cenit, emprendió su aventura dispuesto a encontrar a su amor.

Un poco más adelante, en la misma ruta, halló a unos comerciantes a quienes les transmitió el precepto del amor, y ellos lo acompañaron.

Los comerciantes, también cansados de viajar solos, decidieron ir con Alí a la búsqueda del amor.

Por la noche, el campamento flotaba en los sueños imaginarios de los hombres que se movían buscando un suave ronquido que cambiaba de tono sin voluntad y que hacía reír. Una estrella le susurraba a la luna alguna aventurilla que la sonrojaba. Los hombres yacían inmóviles. Hasta el silencio se dispuso a tomar un descanso.

El sol llegó. El amanecer bañaba de luz las palmeras. El eco de los camellos despertó a todos.

La caravana se repuso y avanzó hasta llegar al oasis, olvidando a Alí, quien se había quedado dormido en su frazada.

Alí tuvo un sueño: que todo aquel que amara sería porque se amaba primero a sí mismo.

Los viajeros llegaron al oasis y se desesperaron. Solos no podían hacer nada. Mientras, Alí descendió entre las dunas que resbalaban sus pies, a la vez que jalaba a su camello.

Agotado y sediento, caminaba lentamente; traía los labios resecos. Luego de un tiempo, llegó hasta donde estaban los comerciantes. Se sentó sobre una piedra, a la sombra de una palmera que le daba frescura a su respiración. Exhalando frenéticamente, se limpió el sudor mientras se echaba aire con su chilaba.

Los mercaderes esperaban que Alí dijera algo. Algunos trataron de acercarse para preguntarle. Pero Alí los vio y demostró ignorancia acerca de dónde estaba.

—Alí, es la oportunidad de elegir—súbitamente se volvió a escuchar la voz.

Todos se asustaron. Alí hizo una mueca de "no pasa nada", tratando de mantener la calma e inclinó la cabeza con timidez. Los mercaderes guardaron silencio. Y, preocupado por revelar el secreto, Alí dijo a la Verdad:

—Los he invitado a ellos . . .

La Verdad respondió:

—Todos poseen oportunidad.

Los viajeros, gustosos de volverse parte del milagro, miraron hacia donde creían que provenía la voz. Y reverenciaron con un agradecimiento por el precepto. Un silencio continuó. Todos se preguntaban qué hacer. Alí asentía.

El viento movió a todo el grupo. Un retumbo asustó a los animales y un mercader calmó a alguno que se rebelaba.

De pronto, lentamente, de entre la arena, surgieron espontáneamente . . .

"Amores agua": hermosos, atractivos, perfectos a la vista, pero frívolos y vacíos. Son amores colmados de esperanzas que jamás se cumplen. En sus flores de maliciosa ternura se oculta un corazón infectado de desdén. Los "amores agua" te seducen con un amor egoísta, donde son los vencedores indiscutibles. Existen solo para complacer su vanidad y te utilizan para su causa, jamás te aman de verdad. Hábiles seductores, te conquistan con refinamiento y te dan a tomar de sus suaves y hermosas manos el exquisito veneno de su falso ser. Su deseo de riqueza los perfecciona para lastimarte. Los "amores agua" disfrutan tu debilidad, los amas por su belleza, pero jamás te pertenecen. Son tan ambiciosos como malvados y libres.

"Amores arena": mártires, indefensos. En tu primer encuentro con ellos te compadeces de su dolor. Se muestran desamparados, pero en su tóxica amabilidad ocultan la sutil intención de dominarte. Te infectan con su desesperanza y contaminan con su pesimismo tus deseos de sobresalir. Nunca percibes tu dependencia hasta que pierdes tu libertad. Delicados en aspecto, te envuelven sutilmente hasta que perteneces a su universo de desaliento. Aburridos te entristecen, flemáticos te enferman con su mismo rencor hacia el mundo. Los "amores arena" son trampas mortales que con falsa seguridad te apresan pidiéndote compasión. Pero no concedas, son espíritus derrotados en busca de encontrar en ti lo que ellos mismos no se han procurado. Los "amores arena" ahogan tu alegría, tu libertad y te matan. Y si no tienes cuidado, pronto te hallas compartiendo sus derrotas.

"Amores fuego": intensos, pasionales, sexuales, candentes y fantásticos. Los "amores fuego" son amores de sensaciones prohibidas que te embriagan, y tu cuerpo vibra con sus delicias. Los necesitas como necesitas el aire. Sufres si no los tienes. Renuncias a tu realidad por vivir en la suya. Te arrasan, te despojan, te comprometen. Nunca se satisfacen ni tú te satisfaces de su olor. Son cómodos para tu ego, pero no son tuyos. Los "amores fuego" son amores enfermos del sexo que te gusta. Los deseas como deseas la vida y lo abandonas todo por ellos. Pierdes el control y cuando se marchan no posees mucho para enfrentar la cruda soledad. No tienes nada. Todo fue una mentira. Estás derrotado.

"Amores humo": surgen al extinguirse los "amores fuego". Son amores sometidos por el pasado. Habituados a disimular, a mentir y a ocultar su amor por un amor pasado. Te apresan con su elocuencia, con sus logros y su experiencia. Sin embargo, cometen los mismos errores. Conocen tus debilidades, por eso te manejan a su antojo. Se aprovechan de tu ingenuidad para vivir contigo. Te enamoran con su madurez, producto de un amor fracasado. Te limitan y te duele. Sus reclamos te lastiman. Sus rechazos te humillan. Los "amores humo" son amores derrotados con otros amores, que te forman lentamente a su manera. Y te buscas y te pierdes. Y no te encuentras. Y no sabes qué fue de ti. Y te duele. Y no puedes vivir en paz.

"Amores viento": jóvenes y simpáticos, juguetones e inexpertos. Frescos y bonitos, son hermosas estrellas fugaces que aparecen en tu rutina. Su tierna sonrisa te atrae y quieres tener sexo con ellos. Los "amores viento" te excitan con sus fantasías traviesas, que habías olvidado. Espontáneos y alegres se entregan totalmente y te anima su simpatía. Los deseas y puedes abandonarlo todo si te dejas llevar por su inexperiencia. Se asoman y se van. Eso te divierte. Te hechizan con una nueva visión del mundo y les crees algo falso y te sonríes con ellos. Te abandonan si los aburres. Se marchan y se llevan tu tranquilidad, dejándote sin el fruto de muchos años de esfuerzo.

"Amores roca": los "amores roca" son leales y puros. Te ofrecen un sentimiento incondicional. Son tiernos y hermosos. Son ellos mismos. Son independientes. Son buenos amigos. Los "amores roca" te guían cuando estás perdido. Son tuyos y les crees y te convences. Te devuelven la vida. Los "amores roca" comparten su maravilla contigo. Son una mirada tierna por la mañana. Y un susurro calentito en tu oreja preguntando si hay problemas. Son delicados o fuertes. No puedes explicarlo, pero son todo lo que andabas buscando. Te preguntan. Te ofrecen y esperan. Se entregan y lo permiten todo en su cuerpo. Te cuidan. Son abrazos cálidos y besos suaves. Son traviesos e ingenuos. Y te sonríen siempre. Los "amores roca" experimentan a Dios en la Tierra. Son el mejor amor.

Los viajeros pelearon por elegir. Mientras, Alí esperó a que todos los demás tomaran a su amor.

Al final, solo permanecía el "amor roca". Alí decidió tomarlo. Creyó que no lo soportaría, pero decidió dar valor a sus sentimientos y lo hizo.

Los otros, alegres por su decisión, y al ver que sería difícil resistirlo, se mofaron del amor de Alí. Y adelantándose con rumbo a la aldea, los comerciantes llegaron, presumieron y cantaron a todos por su nuevo amor.

Para cuando Alí arribó, miró sorprendido lo que sucedía en la aldea. Aquellos que habían elegido precipitadamente, lloraban, se lamentaban, incluso algunos habían perdido la razón.

La causa, su amor se había esfumado, y nuevamente se hallaban solos. El "amor fuego", el "amor humo", el "amor viento", el "amor arena" y el "amor agua", todos se habían ido.

Alí se felicitó. Su "amor roca" nunca lo lastimaría ni se iría sin decir adiós. Estaría con él en los momentos difíciles y lo protegería de la maldad cuando apareciera.

Alí, orgulloso de su amor, lo acercó a su pecho, lo acarició con ternura y lo miró a los ojos. Le dijo "te amo". Lo besó suavecito y lo amó por toda la eternidad.

Para los que aman, la desesperación es un requisito, y la inteligencia, una regla.

José de Jesús López Reyes

Benditos sean mis errores

*Lamentar un error en medio de la verdad
es como lamentar una gota de lluvia
perdida en medio del mar.*

¡Benditos sean mis errores!

Porque gracias a ellos mis obstáculos se vuelven cada vez más evidentes para no tropezar de nuevo.

Porque su dolor fortalece mi espíritu, mi carácter y mi cuerpo.

Porque con cada uno que cometo hay una experiencia más y una lágrima menos.

¡Benditos sean mis errores!

Porque de vez en cuando mi ego merece un escarmiento.

Porque no me dejan otra alternativa que hacer un cambio profundo para no regresar siempre al mismo lugar derrotado.

Porque gracias a ellos ahora comprendo que me sobra energía, pero me falta efectividad.

¡Benditos sean mis errores!

Porque me fortalecen.

Porque me permiten caminar con cuidado.

¡Benditos sean mis errores!

Porque sin ellos sería débil como siempre y como los demás.

Sin duda, comenzar de nuevo es la habilidad de equivocarse tantas veces como sea necesario, y aun seguir creyendo que el éxito es todavía una posibilidad.

José de Jesús López Reyes

La olimpiada
de los sentimientos

Éxito o fracaso. Ninguno es constante.
La diferencia estriba en saber cuál
es el que se aproxima y prepararse para recibirlo.

En un planeta distante, habitado únicamente por sentimientos, se llevó a cabo, por órdenes del Todopoderoso, la primera olimpiada de ese extraño lugar.

Según cuenta la historia, cada sentimiento debía acompañarse de un compañero. Así la soledad se hizo acompañar de la tristeza, el fracaso del pretexto, la ignorancia de la mediocridad, el orgullo de la soberbia y el éxito de la voluntad.

Una vez preparados y en la pista, se escuchó:

—¡En sus marcas! ¡Listos! ¡Fuera!

Y dio inicio la competencia con una salva. El comienzo fue reñido. Pero, debido a su naturaleza, cada cual llegó en la posición que se esperaba. Para el final de la competencia, los reporteros lograron entrevistar a todos.

—Soledad, queremos tu opinión—preguntó un reportero sagaz—. ¿Por qué perdiste?

La soledad dijo:

—Es que competí con la tristeza sobre mi espalda, y ella me restó demasiada energía para avanzar.

También preguntaron al fracaso:

—¿Por qué no ganó la competencia?

—La culpa no fue mía—dijo a regañadientes el fracaso.

—¿Por qué lo dice, señor?

—¡El pretexto jamás se atrevió a competir por miedo! ¡Es un perdedor!—les respondió.

La mediocridad les gritó:

—No llegué, ¡no me importa! Fue la ignorancia. Me tuvo en desventaja todo el tiempo. Presume de mucho, pero no logra nada. Lo sé.

De la misma manera, el orgullo expuso:

—La soberbia. ¡No quiso trabajar en equipo! ¡Maldita!—Lamentó y negó con la cabeza—. Por eso perdí. ¡Perra desgraciada!

Y por último, los reporteros preguntaron su opinión al éxito.

—Vimos que la voluntad lo guiaba. Explíquenos esto.

—Como lo notaron, la voluntad me acompañó.

—Y esto, ¿qué significa?—preguntó un reportero.

—Para que el éxito llegue, la voluntad siempre debe ir por delante—concluyó.

El éxito bien ganado es sobrio y discreto.
El éxito mal habido es burlón, vil y soberbio.

José de Jesús López Reyes

EL VALOR DE SER UNO MISMO

Me avergonzaría reconocer
que pudo haber sido y que por mi culpa no fue.

Vivir mi vida como una extraordinaria aventura depende del valor de amarme a mí mismo. Procurar que mi proyecto de vida sea realista es una meta que debo empezar desde ahora. Que de una alta autoestima depende mi intención, y de ella mis resultados, involucra cambiar rasgos nocivos que me causan problemas. Me obligo a romper paradigmas y a continuar adelante con valentía y sin miedo.

Aprender todo esto es hacerme responsable de mis errores y abandonar el pasado en el pasado y mirar siempre hacia delante.

Cualquier apasionamiento es irrelevante, y vana será mi complacencia si no obtengo por méritos propios. Me dicta a no mentirme y a hacer un compromiso con mi realidad. Debo tener bien firmes los pies sobre la tierra, para saber qué es lo que quiero y hacia dónde voy.

Tener una familia feliz, una amistad auténtica, un respeto incomparable. Un amor leal. Persistir sin darme por vencido debe ser mi fin único y último en mi existencia. Comprometerme con mi "yo interno", que desea ser feliz, implica cambiar satisfacciones inmediatas por un bienestar duradero. Aceptar todo esto es el verdadero valor de vivir mi vida, y es y será, desde este momento, el objetivo fundamental en mi existencia.

- El valor de convertir las penas en alegrías depende de nuestro amor por la vida.
- El valor de convertir el llanto en sonrisas depende de nuestra alegría en el corazón.
- El valor de convertir los obstáculos en éxitos depende de nuestro empeño por lograr nuestros objetivos.

- El valor de convertir las promesas en realidades depende de nuestro compromiso con la vida.
- El valor de convertir las carencias en oportunidades depende de nuestra fortaleza de espíritu.
- El valor de convertir las frustraciones en humildad depende de nuestra nobleza.
- El valor de convertir la ira en serenidad depende de nuestra capacidad para aceptar los errores y perdonar.
- El valor de convertir el rencor en perdón depende de nuestra capacidad para olvidar el pasado.
- El valor de convertir la necesidad en riquezas depende de la inteligencia y de nuestro esfuerzo.
- El valor de convertir el dolor en experiencia depende de nuestra disposición para volver a empezar.
- El valor de convertir la derrota en sabiduría depende de nuestra profundidad de espíritu y reflexión.
- El valor de convertir los planes en empresas depende de nuestra capacidad de ejecución precisa.
- El valor de convertir la vanidad en virtud depende de nuestra conducta.
- El valor de convertir los problemas en soluciones depende de nuestra capacidad para meditar.
- El valor de convertir la rutina del día en algo interesante depende de nuestra forma de ver la vida.

Cuando ya no tengas razones por las cuales no hacerlo
te atreverás.

José de Jesús López Reyes

¡Lo he decidido!

Sé que puedo. Sé que debo. Sé que lo haré.
Lo que no sé es de dónde obtener
paciencia mientras lo intento.

¡Ya lo he decidido! Cambiaré en adelante. Me apartaré de la mediocridad. Sacaré al sol el viejo baúl de mis anhelos y le sacudiré el polvo de las fallidas intenciones. La gracia de Dios me ilumina, y hoy, sin obstáculos que me contengan, llevaré al límite mis ilusiones.

Pondré manos a la obra y haré realidad mis sueños. Apartaré de mis relaciones al verdugo del orgullo, que como hiedra venenosa erigió una muralla de antipatía hacia mis seres queridos. Sé bien que la soberbia me convirtió en un fracasado social.

Por eso renovaré mi fortaleza. Juro que no me veré más como un indigente, como una copia barata de mí mismo, a quien la mediocridad modeló a su antojo. Por eso seré un hombre nuevo y diferente. Luciré elegante. Me libraré de los extremos de conducta y de los impulsos incontrolables que me causan problemas con los demás.

Y como el único responsable de mis éxitos futuros, me cuidaré nutriendo mi cuerpo con alimentos saludables. Todo esto para un esfuerzo extra cuando el mundo requiera de mi ayuda.

Llenaré mi mente de soluciones y no figuraré tristezas de un pasado que aún me lastima y que debo olvidar.

Un futuro brillante necesita de la reconciliación y del perdón. Por eso atinaré cordura en mis preguntas. Mesura en mis palabras. Me comportaré con madurez y hablaré con entereza. Miraré con compostura. Pretenderé con prudencia. Y lucharé hasta el final de todo lo que me proponga.

Entenderé que los problemas son un requisito para triunfar y, aunque la frustración me asalte, no abandonaré mis esfuerzos por la tristeza.

Además, me ocuparé de mi crecimiento espiritual. Por eso trabajaré siempre en el nombre de Dios.

Floreceré, seré un hombre nuevo, expulsaré la desidia y la vanidad, y guiaré mi conducta hacia la razón.

De hoy en adelante, pensaré con razón y tendré la fortaleza para seguir luchando. Refugiare mi voluntad en el Creador, que no me abandonará si estoy bajo su cobijo.

¡Ya lo he decidido! Esta vez me esforzaré con esperanza. Procuraré y exigiré respeto. Derrocharé humildad.

No conoceré las derrotas. Nada me detendrá. Porque ¡ya lo he decidido! Esta vez es diferente.

Y así será.

La diferencia es que yo siempre he sabido cuándo es el momento justo

José de Jesús López Reyes

Nuevamente la tortuga y la gacela

Si hubiera sabido que así debía de suceder,
entonces no me hubiera preocupado tanto.

Después de la derrota en manos de la tortuga, la gacela, humillada, lanzó de nuevo el reto. La tortuga, a sabiendas de que no era la favorita, aceptó otra vez el desafío y compitió en esta oportunidad por disciplina.

Sabía que, a menos que le sucediera un milagro, le ganaría a la gacela. Pues era imposible vencerlo con lo que tenía. No obstante, aun así, aceptó sin chistar.

"Todos tenemos ventajas en unas cosas y limitaciones en otras", comentó para sí misma.

Así que una vez sobre la línea de salida, y justo después de agitarse la bandera, la gacela arrancó veloz la carrera y, desapareciendo entre el polvo, abandonó lugar.

La tortuga, sin manías que la perturbaran, avanzaba tosca y lenta por la pista de carreras, con pasos bruscos y pesados. Se detenía a comer hojitas verdes y alguna florcilla del camino que le gustaba.

Mientras, todos los animales le gritaban "¡vivas!" a la gacela. La lenta y pesada tortuga se desplazaba, lánguida y paciente, sin progresar.

A ella se le acercó el zorro y le aconsejó:

—¡Toma un atajo! ¡Siempre hay maneras de llegar sin esforzarse demasiado!

La víbora de cascabel le indicó:

—Renuncia antes de que te humilles . . . ¡Nada vale tanto como para perder el orgullo!

De la misma manera, el lobo le comentó:

—¡Saquemos a la gacela de la competencia!

Pero la lenta y torpe tortuga, que masticaba una florcilla que había hallado entre la hierba del camino, les contestó:

—Tranquilos, muchachos . . .

—¡Perderás!—le vaticinaron los animales.

—Hay competencias que se pierden si no se está preparado para enfrentarlas—explicó ella mientras se tragaba el bocado que le bajaba por su larga garganta.

Los animales movieron la cabeza y le mostraron la espalda.

—Eres una perdedora—se escuchó decir a la lechuza desde la rama de un árbol.

Pero la tortuga, asumiendo cultamente el control del momento, les respondió:

—No deben preocuparse, mis amigos. Estoy en desventaja, lo sé. Sin embargo, el universo ofrece otras posibilidades a quien acepta sus propias limitaciones. Deben saber que todo tiene su momento ideal para atreverse y hacerlo. Mientras tanto, escuchen y graben esto en el más hermoso de sus recuerdos: ¡La vida es sorprendente si se vive con cuidado, y eso lleva al éxito como no tienen idea! Muy pocos creerán en ustedes hasta que los sorprendan con algo grandioso y realmente extraordinario. Por eso vean y vayan siempre hacia adelante, que es allí donde está el destino de vuestro éxito. No hagan caso a cantos de las sirenas y sigan trabajando porque es en un buen trabajo donde se encuentra la recomendación para que se cree la oportunidad. No sufran por lo que han perdido o por lo que han dejado atrás. El pasado es polvo y el futuro es roca. Traten de ser y de vivir tranquilos, que al final de todo es la alegría la que mide la realidad. Y sean felices y amen todo lo que los rodea. Vivan en paz, hermanos. ¡Que Dios los bendiga y os regale mucha fidelidad!

El fiel brazo del destino es mas fuerte que yo, que tu y que ellos.

José de Jesús López Reyes